EPÎTRE
A M. LAURENT,

CHEVALIER DE L'ORDRE DE S. MICHEL;

A l'occasion d'un Bras artificiel qu'il a fait pour un Soldat Invalide;

Par M. l'Abbé DE LILLE, Maître ès Arts en l'Université de Paris, au Collége de Beauvais.

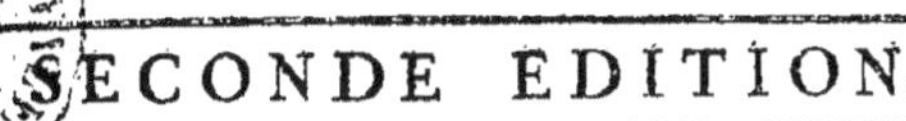

SECONDE EDITION.

A LONDRES,

M. DCC. LXI.

AVERTISSEMENT.

CETTE Epître, adreſſée à M. Laurent, eſt un hommage dû à la ſupériorité de ſon génie & à l'élévation de ſes ſentimens. La Poéſie rencontre rarement la réunion de ces qualités ſi propres à l'échauffer. Je n'ai pas prétendu flatter ce célébre Artiſte ; il n'en a pas beſoin. J'ai voulu me faire honneur, en lui rendant juſtice. Comme pluſieurs endroits de cet Ouvrage roulent ſur des faits qui pourroient être ignorés de quelques perſonnes, je crois devoir les détailler ici. M. Laurent, né en Flandres, a opéré dans ce Pays des prodiges d'induſtrie. On lui doit pluſieurs ſortes d'Ecluſes d'un genre nouveau, un nombre infini de Machines pour les tranſports & pour d'autres Uſages. Un de ſes Chefs-d'œuvres c'eſt la Machine de Poterne. Il s'agiſſoit de conſtruire une grille de fer & de bois ſur l'Eſcaut devant Valenciennes, pour en interdire la ſortie aux Déſerteurs, & l'entrée aux Ennemis. On avoit déja dreſſé un plan défectueux à pluſieurs égards. Entr'autres inconvéniens il auroit fallu, pour lever & pour baiſſer cette Grille ainſi exécutée, plus de deux heures & plus de cinquante hommes. M. Laurent eut le mérite de montrer ces défauts, & le mérite plus rare encore de faire mieux. Il opéra de façon que, pour remuer & con-

duire cette énorme Machine, il ne faut que la main d'un homme & quelques minutes. Telle est la simplicité qu'il a sçû mettre dans tous ses Ouvrages; vrai caractère du génie dans quelque genre que ce soit.

M. Laurent n'a pas moins réussi dans les desséchemens des marais. Plusieurs lieues de Pays en Flandres, long-tems submergées, sont maintenant couvertes de moissons. La Bretagne l'a vû épuiser des marais immenses qui déroboient à notre Commerce des Mines abandonnées même par des Anglois & des Allemands

Un autre prodige, dont la Ville & la Cour ont été témoins, est le bras que M. Laurent a rendu à un Soldat Invalide. Ce Soldat avoit eu les deux bras emportés en chargeant un Canon. Comme l'épaule droite fut fracassée, il n'a pas été possible d'y adapter un bras. Il restoit au bras gauche environ quatre ou cinq pouces de moignon. C'est à celui-là que M. Laurent a ajouté un bras artificiel. Son action ne dépend d'aucun ressort; il se meut à la volonté de celui qui le porte, & l'aisance de son jeu va jusquà écrire très-lisiblement. La vûe de ce Chef-d'œuvre a fait naître cette Epître. Puissé-je n'être pas au-dessous du Sujet!

EPITRE
A M. LAURENT,

CHEVALIER DE L'ORDRE DE S. MICHEL.

ARCHIMEDE nouveau qui, par d'heureux efforts,
Pour dompter la nature imites ses ressorts,
Qui sers l'humanité, ton maître & ta Patrie,
Ma Muse doit des Vers à ta noble industrie.
Assez d'autres sans moi souilleront leur encens;
Qu'ils l'offrent à Plutus; je le dois aux talens.
Les talens, de nos biens sont la source féconde:
Ils forment les trésors & les plaisirs du monde.
Sur cette terre aride, asyle des douleurs,
L'un fait naître des fruits, l'autre seme des fleurs.
Pourquoi faut-il, hélas! que notre esprit volage
N'aime que le brillant dont nos mœurs sont l'image?
Oui, j'aime à voir Pigall, par sa savante main,
Donner des sens au Marbre, & la vie à l'Airain.
Je dévore des yeux ces toiles animées
Où brillent de Vanloo les touches enflammées.
Voltaire, tour à tour, sublime & gracieux,
Peut chanter les Héros, les Belles ou les Dieux;

Je souris à Lani qui, Bergère ou Déesse,
Fait briller dans ses pas la Grace ou la Noblesse;
Et toi, divin Rameau, par tes magiques airs
Peins les plaisirs des Cieux, ou l'horreur des enfers.
Mais serai-je insensible à ces talens utiles,
Qui portent l'abondance à nos Cités tranquilles,
Qui pour nous en tous lieux, multipliant leurs soins,
Consacrent le Génie à servir nos besoins?
Non; ces Arts bienfaicteurs sont respectés des Sages;
Et moins ils sont brillans, plus on leur doit d'hommages.
Sans doute, ils te sont dûs, Mortel industrieux:
Oui, tu gagnes mon cœur en étonnant mes yeux.
Cet Art qui, suppléant la force par l'adresse,
Fixe la pésanteur, calcule la vîtesse;
Asservit à ses loix, & l'espace & le tems,
Et maîtrise à son gré le feu, l'onde & les vents.
Cet Art a signalé l'aurore de ta vie,
Ton ame l'embrassa par l'instinct du génie.
Déja tes foibles mains que lassoit le repos,
Préludoient, en jouant, à tes hardis travaux. 1
Un Astre impérieux nous fait ce que nous sommes,
Et les jeux de l'enfance annoncent les grands Hommes.
Tel Buffon, dans le sein d'un germe à peine éclos,
Déja distingue un tronc, des fruits & des rameaux.
Quels prodiges depuis ont rempli ta carrière!
Je te suis dans les champs de la Flandre guerrière.

---

[1] Le célébre Cardinal de Polignac, ayant vû une Machine qu'avoit faite M. Laurent à l'âge de huit ans, annonça que cet enfant seroit un jour un grand Méchanicien.

Triftes champs ! où Cerès voit naître fes moiffons,
Du fang dont le Dieu Mars engraiffe les fillons.
Là ton Art fur l'Efcaut, pour défendre nos Villes 1
Pofoit des murs de fer & des ramparts mobiles;
Lançoit fur l'Ennemi des torrens déchaînés, 2
Ou portoit nos Soldats fur les flots étonnés. 3

Mais la gloire t'appelle à de plus grands miracles : 4
La puiffance d'un Art s'accroît par les obftacles.
C'eft par eux qu'un Dieu fage, irritant nos efforts,
Nous enchaîne au travail, & nous vend fes tréfors.
C'eft ainfi que fes mains avares & fécondes
Ont caché fous la terre, en des mines profondes,
Cet or qui fait mouvoir & vivre les Etats,
Et le bronze & l'airain tonnans dans les combats;
L'acier qui fait tomber les Sapins & les Chênes,
Le fer qui de Cerès fertilife les plaines;
Et le métal enfin qui, docile à nos loix,
S'arrondit en canaux, ou s'étend fur nos toits.
L'Armorique long-tems, de ce métal utile,
Dans de vaftes marrais cacha l'amas ftérile.
Tu parois : l'Onde fuit : la Terre ouvre fon fein,
Et ne rend ces tributs qu'à ta puiffante main.

Heureux qui fait briller par d'utiles prodiges !
D'autres féconds pour nous, en frivoles preftiges,
Ofent proftituer à de pénibles jeux
Un Art qu'à nos befoins ont deftiné les Dieux.

---

[1] Machine de Poterne.
[2] Eclufes.
[3] Ponts portatifs.
[4] Defféchement des Mines.

Pour leurs Concitoyens, que produit leur adresse ?
Ils nourrissent le luxe, ils flattent la molesse.
Oui : dans eux le génie est un enfant badin :
Mais dans toi c'est un Dieu propice au genre humain.
  Tu sentis le pouvoir de ses mains bienfaisantes,
Tu les mouilles encor de tes larmes touchantes,
Infortuné Mortel, heureux dans ton malheur
Par ses rares talens, plus encor par son cœur. [1]
Je crois voir le moment où des traits de la foudre
Tes bras aux champs de Mars furent réduits en poudre.
Je crois te voir encor meurtri, défiguré,
Traînant le reste affreux de ton corps déchiré,
Te montrer tout sanglant à sa vûe attendrie ;
La pitié qui lui parle enflamme son génie.
O prodige ! Ton bras reparoît sous sa main :
Ses nerfs sont remplacés par des fibres d'airain.
De ses muscles nouveaux, essaïant la souplesse,
Il s'étend & se plie, il s'éleve & s'abaisse.
Tes doigts tracent déja ce nom que tu chéris :
La Nature est vaincue, & l'Art même est surpris.
  Que ne peut point de l'Art l'activité féconde !
C'est par elle que l'homme est souverain du monde.
De la nature en vain tu crois naître le Roi,
Mortel, sans le travail rien n'existe pour toi.
Ce globe n'est soumis à ta vaste puissance,
Qu'à titre de conquête, & non pas de naissance ;

---

[1] M. Laurent a prouvé que la bonté de son cœur est égale à la grandeur de son génie, en sollicitant pour ce soldat des secours de plusieurs personnes illustres, & en lui faisant lui-même une gratification considérable.

Et tu n'es distingué parmi les animaux,
Que par ton noble orgueil, ton génie & tes maux.
Vois l'énorme Eléphant dont la masse effraïante
Fait trembler les forêts dans sa course pesante.
Près de ce mont vivant que sont tes foibles bras ?
Mais sa force n'est rien : il ne la connoît pas.
Tu peux bien plus que lui ; connoissant ta foiblesse,
Tu sens ton indigence, & voilà ta richesse.
Déja l'Art t'a soumis l'air, la terre & les mers :
Déja je vois éclore un nouvel Univers.
Tes jours sont plus sereins, tes champs sont plus fertiles ;
Ton corps devient moins foible & tes sens plus agiles.
Le verre aide ta vûe, il découvre à tes yeux 1
Des mondes sous tes pieds, des mondes dans les Cieux.
A l'aide du levier, du poids & de la roue,
Des plus pesans fardeaux ton adresse se joue ;
Les forêts à ta voix descendent sur les eaux ;
Les rivages creusés embrassent tes vaisseaux. 2
Le Ciel régle leur cours, écrit sur ses Etoiles.
Le fougueux Aquilon est captif dans leurs voiles.
C'est par eux que, comblant les gouffres de Thétis,
Tu joins deux Continens l'un par l'autre aggrandis.
Là pour unir deux mers tu perças des montagnes, 3
Creusas des souterreins, inondas des campagnes.
Plus loin de l'Océan tu reculas les eaux : 4
Un empire s'éleve où mugissoient des flots.

---

[1] Microscope, Télescope.
[2] Les Ports.
[3] Canal de Languedoc.
[4] Les Hollandois.

Tu changeas des marrais en des plaines fertiles ;
Sur l'abîme des Mers tu suspendis des Villes. 1
Les monumens du Nil, vainqueurs du temps jaloux, 2
Nés avec l'Univers ont vécu jusqu'à nous.
Oui : telle est ta foiblesse & ton pouvoir suprême,
Les œuvres de tes mains survivent à toi-même.
Autour de nous enfin promenons nos regards.
Là je vois de plus près & j'admire les Arts ;
Le Cyclope noirci des feux qui l'environnent,
Verse à flots embrasés les métaux qui bouillonnent ;
La flamme cuit le vase arrondi sous nos doigts ;
L'acier ronge le fer, ou façonne le bois ;
Sur les Fleuves profonds me formant une route,
Des rochers sous mes pas se sont courbés en voûte ;
Par les eaux ou les vents, au défaut de mes mains, 3
Le cylindre roulé met en poudre mes grains. 4
Ici l'or en habit se file avec la soie : 5
En des tableaux tissus la laine se déploie. 6
Là le sable dissous par les feux dévorans, 7
Pour les Palais des Rois brille en murs transparens.
Sur un papier muet la parole est tracée. 8
Par un mobile airain on grave la pensée ; 9
Mille fois reproduite elle vole en tous lieux.
Le tems a pris un corps, & marche sous mes yeux. 10
O prodige de l'Art ! sous une main hardie 11
Le cuivre, des oiseaux reçoit l'ame & la vie.

---

[1] Venise.
[2] Pyramydes d'Egypte.
[3] Moulin à eau.
[4] Moulin à vent.
[5] Manufacture de Draps.
[6] Tapisseries des Gobelins.
[7] Glaces.
[8] Ecriture.
[9] Imprimerie.
[10] Horlogerie.
[11] Le Canard & le Fluteur de M. de Vaucanson.

L'Automate animant l'yvoire harmonieux,
Forme ſous des doigts morts des ſons mélodieux.
Vois ces doubles Canaux où les eaux raſſemblées, 1
Pour jaillir en torrens à grand bruit ſont foulées !
Si le feu dans la nuit, irrité par les vents,
Se roule en tourbillons dans des Palais brûlans,
Mille fleuves ſoudain s'élancent juſqu'au faîte :
L'onde combat la flamme, & ſa fureur s'arrête.
Avec plus d'Art encor ces utiles canaux
Dans d'arides déſerts ont tranſporté des eaux.
Privé de ce ſecours, le ſuperbe Verſailles
Étaloit vainement l'orgueil de ſes murailles :
Mais, que ne peut un Roi ? Près du riant Marly
Que Louis, la Nature & l'Art ont embelli,
S'éléve une Machine où cent tubes enſemble
Verſent dans des Baſſins l'eau que leur jeu raſſemble.
Élevés lentement ſur la cime des Monts,
Ces flots précipités roulent dans des Vallons,
Raniment la verdure, ou baignent des Naïades,
Jailliſſent dans les Airs, ou tombent en Caſcades.
Puiſſe un jour cet Ouvrage, avec l'utilité
Unir dans ſa grandeur plus de ſimplicité ! 2
Puiſſe une main avare avec magnificence
Réparer, ou créer cette Machine immenſe :
Retrancher des reſſorts l'amas tumultueux,
Rendre leur jeu plus sûr & plus impétueux,
Sans nuire à leur effet, borner leur étendue,
Et m'étonner encor ſans fatiguer ma vûe.

---

[1] Pompes.
[2] Tout le monde convient que la Machine de Marly eſt trop compliquée.

Mortels, de la Nature induſtrieux rivaux,
Dans leur majeſté ſimple imitez ſes travaux :
Avec le grand Newton, admirant ſa puiſſance,
Par un rapide eſſor juſqu'au Cieux je m'élance.
Là, mon œil voit nager dans l'Océan des airs
Tous ces corps, dont l'amas compoſe l'Univers.
Autour du Dieu des ans, tranquille dans ſa ſphère,
Les Aſtres vagabonds pourſuivent leur carrière :
Notre globe qu'entraîne une commune loi,
S'incline ſur ſon axe, & roule autour de ſoi.
La Mer aux tems marqués & s'éleve & s'abaiſſe;
La Lune croît, décroît, fuit & revient ſans ceſſe :
Autour de leurs ſoleils que de mondes flottans !
Un ſeul reſſort produit tous ces grands mouvemens.
De la ſimplicité quel ſublime modele !
Sans elle rien n'eſt beau, tout s'embellit par elle.
LAURENT, oui tu connus cette admirable Loi :
Tes Ouvrages ſont grands & ſimples comme toi.

Acheve; &, déployant ta force toute entière,
De l'Art qui t'illuſtra recule la barrière :
Tout ſemble t'inviter à de nouveaux efforts ;
La gloire de ton nom t'a conduit ſur ces bords,
Où de tous les plaiſirs le François idolâtre,
Aux Talens qu'il honore ouvre un vaſte Théâtre,
D'un bout du monde à l'autre aſſemble tous les Arts,
Et des Peuples rivaux étonne les regards.
C'eſt là qu'en t'admirant, il va te reconnoître.
PARIS s'eſt applaudi lorſqu'il t'a vû paroître,
Et ſes murs, ſi féconds en pompeux Monumens,
Attendent de tes mains de nouveaux Ornemens.

Là, tandis que vengeant l'honneur de la Patrie ;
Le Louvre reprendra ſa majeſté flétrie :
Tandis que, d'un Monarque adoré des François, 1
Le bronze avec orgueil reproduira les traits ;
La Seine s'élevant de ſes grottes profondes, 2
A ta Loi ſouveraine aſſervira ſes ondes ;
Et ſe multipliant dans de nombreux canaux,
Formera dans Paris mille fleuves nouveaux.
Artiſte ingénieux, & Citoyen fidèle, 3
Dès long-temps ta Patrie a reconnu ton zèle ;
En vain ce Peuple fier, jaloux de nos ſuccès,
Le Rival, & ſur-tout l'ennemi des François :
En vain ce Roi fameux par les Arts & la Guerre,
Qui tour à tour inſtruit & ravage la Terre ;
Eſpéroient à prix d'or acheter ton ſecours ;
Tu dois à ton Pays ton génie & tes jours.
Malheur au Citoyen ingrat à ſa Patrie,
Qui vend à l'Etranger ſon avare induſtrie.
Et vous qui des Talens voulez cueillir les fruits,
Rois, payez leurs travaux, & connoiſſez leur prix.
EUGENE, ce Héros dédaigné de la France,
Fit trembler cet Etat qu'eut ſervi ſa vaillance.
Pourquoi vous diſputer des Provinces, de l'or ?
Les Grands Hommes, les Arts ! Voilà le vrai Tréſor.

---

[1] La Statue de Louis XV. par l'illuſtre Bouchardon.

[2] Les deux Machines du Pont Notre-Dame fourniſſent à Paris une quantité d'eau trop petite pour une ſi grande Ville.

[3] Le Roi de Pruſſe & celui d'Angleterre ont fait à M. LAURENT, pour l'attirer chez eux, des propoſitions très-avantageuſes, que le ſeul amour de la Patrie lui a fait refuſer.

Osez les conquérir par d'utiles largesses ;
Ils ne demandent point d'orgueilleuses richesses.
Ils laissent à Plutus le faste & les grandeurs :
Que faut-il à l'abeille ? Un azile & des fleurs.
Ah ! s'il est quelque bien qui flatte leur envie,
C'est l'honneur : aux Talens lui seul donne la vie.
LOUIS qui, rassemblant tous les Arts sous sa Loi, [1]
Du malheur de régner se consoloit en Roi :
LOUIS de ses regards recompensoit leurs veilles ;
Un coup d'œil de LOUIS enfantoit les Corneilles.
  Citoyen généreux, ainsi ton Souverain,
T'égalant aux Héros, annoblit ton destin.
Trop souvent le hazard dispense ce beau titre : [2]
Hélas ! Si la vertu des rangs étoit l'arbitre,
Peut-être un malheureux, mourant sur son fumier,
Du dernier des humains deviendroit le premier.
Tes Talens, du hazard ont réparé l'outrage ;
Ton nom n'est dû qu'à toi, ta gloire est ton ouvrage.
D'autres feront parler d'antiques parchemins :
Ces monumens fameux qu'ont élevés tes mains ;
Ces chefs-d'œuvres brillans, ces fruits de ton génie,
Tant d'utiles travaux qu'admira ta Patrie ;
Voilà de ta grandeur les titres glorieux.
Là ta noblesse éclate & frappe tous les yeux.
Que font de plus ces Grands dont la fière indolence
Dévore lâchement une oisive opulence ?

---

[1] Louis XIV.
[2] M. Laurent a reçu du Roi des Lettres de Noblesse, & a été décoré du Cordon de l'Ordre de Saint Michel.

Que laiſſent en mourant à leur poſtérité
Ces Mortels corrompus par la proſpérité ?
Des exemples honteux, de coupables richeſſes;
Un nom jadis ſacré, ſouillé par leurs baſſeſſes.
Tes enfans plus heureux hériteront de toi
L'exemple des Talens, le zèle pour leur Roi;
L'amour du bien public, qui t'anime & t'emflamme;
La nobleſſe du nom & la grandeur de l'ame,

FIN.

www.ingramcontent.com/pod-product-compliance
Lightning Source LLC
LaVergne TN
LVHW010336230826
846091LV00009B/3894

* 9 7 8 2 0 1 9 7 0 5 1 8 3 *